Impressum
Verlag: BABADADA GmbH, Nedderfeld 112 , 22529 Hamburg
Geschäftsführer / Verlagsleitung: Harald Hof
Druck: Books on Demand GmbH, In de Tarpen 42, 22848 Norderstedt

Imprint
Publisher: BABADADA GmbH, Nedderfeld 112 , 22529 Hamburg, Germany
Managing Director / Publishing direction: Harald Hof
Print: Books on Demand GmbH, In de Tarpen 42, 22848 Norderstedt

Image labels:

- σχολική τάξη / silid-aralan
- διαιρώ / bawasin
- 186/2
- πίνακας / pisara
- σχολική αυλή / bakuran ng paaralan
- δάσκαλος / guro
- χαρτί / papel
- γράφω / sumulat
- στυλό / pen
- γραφείο / mesa
- χάρακας / ruler
- βιβλίο / aklat
- μαθητής / mag-aaral

σχολική τσάντα
satchel

κασετίνα/ μολυβοθήκη
lalagyan ng lapis

μολύβι
lapis

ξύστρα
pantasa

γόμα
goma

μπλοκ ζωγραφικής
drowing pad

ζωγραφική

drowing

πινέλο

pinsel na pampinta

κουτί χρωμάτων

kahon ng pinta

ψαλίδι

gunting

κόλλα

pandikit

τετράδιο ασκήσεων

aklat para sa pagsasanay

εργασία για το σπίτι

takdang-aralin

αριθμός

numero

προσθέτω

dagdagan

αφαιρώ

bawasin

πολλαπλασιάζω

paramihin

υπολογίζω

kalkulahin

γράμμα

liham

αλφάβητο

alpabeto

λέξη

salita

κείμενο

teksto

διαβάζω

basahin

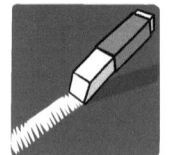

κιμωλία

yeso

μάθημα

leksyon

εγγράφομαι

rehistro

τεστ

eksaminasyon

πιστοποιητικό

sertipiko

μαθητική στολή

uniporme sa paaralan

εκπαίδευση

edukasyon

εγκυκλοπαίδεια

encyclopedia

πανεπιστήμιο

unibersidad

μικροσκόπιο

mikroskopyo

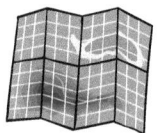

χάρτης

mapa

καλάθι αχρήστων

basurahan ng papel

# ταξίδι
# paglalakbay

ξενοδοχείο
hotel
Grand
ξενώνας
hostel
ROOMS
ανταλλακτήρια συναλλάγματος
tanggapan ng palitan ng pera
EXCHANGE
βαλίτσα
maleta
αυτοκίνητο
kotse

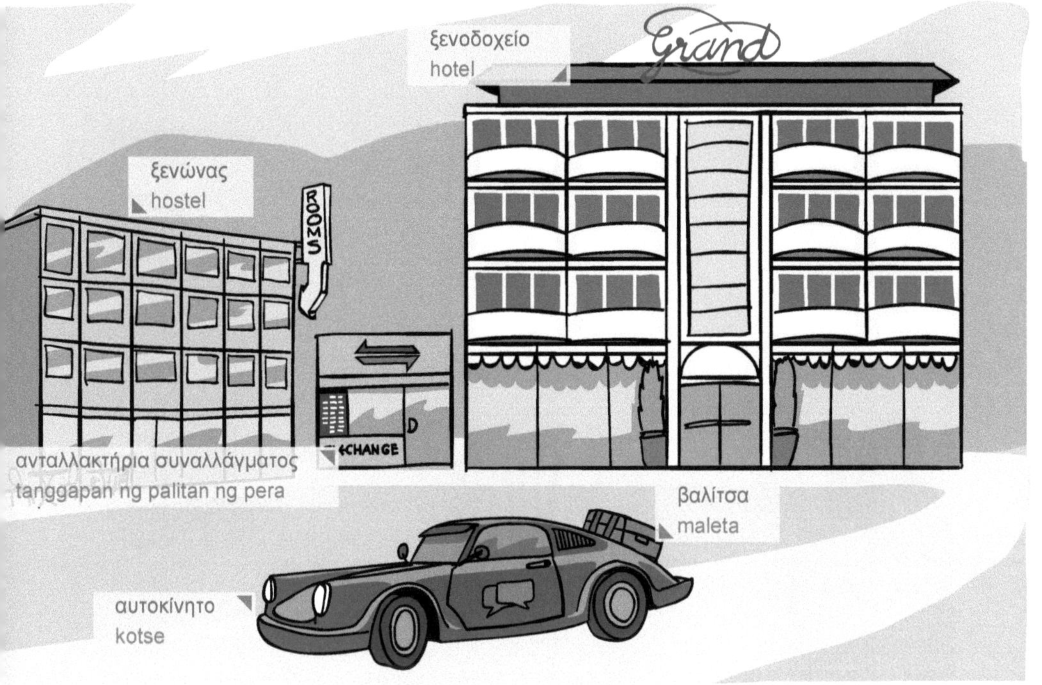

γλώσσα

wika

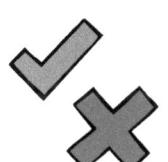

ναι / όχι

oo / hindi

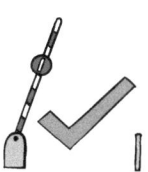

εντάξει

Okey

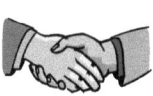

γεια σου

kumusta

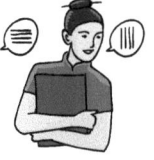

μεταφραστής

tagapagsalin

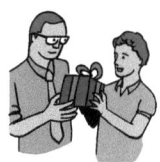

Ευχαριστώ

Salamat

πόσο κάνει ;

magkano ang...?

Δε καταλαβαίνω

Hindi ko maintindihan

πρόβλημα

problema

Καλησπέρα!

Magandang gabi!

Καλημέρα!

Magandang umaga!

Καληνύχτα!

Magandang gabi!

Αντίο

paalam

κατεύθυνση

direksyon

αποσκευές

bahage

τσάντα

bag

σακίδιο πλάτης

napsak

καλεσμένος

panauhin

δωμάτιο

silid

υπνόσακος

sakong tulugan

σκηνή

tolda

τουριστικές πληροφορίες

impormasyon ng turista

παραλία

dalampasigan

πιστωτική κάρτα

credit card

πρωινό

almusal

μεσημεριανό

tanghalian

δείπνο

hapunan

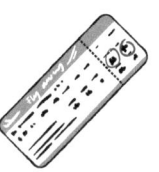

εισιτήριο

tiket

ανελκυστήρας

elebeytor

γραμματόσημο

selyo

σύνορα

hangganan

τελωνείο

adwana

πρεσβεία

embahada

βίζα

visa

διαβατήριο

pasaporte

# μεταφορά
# transportasyon

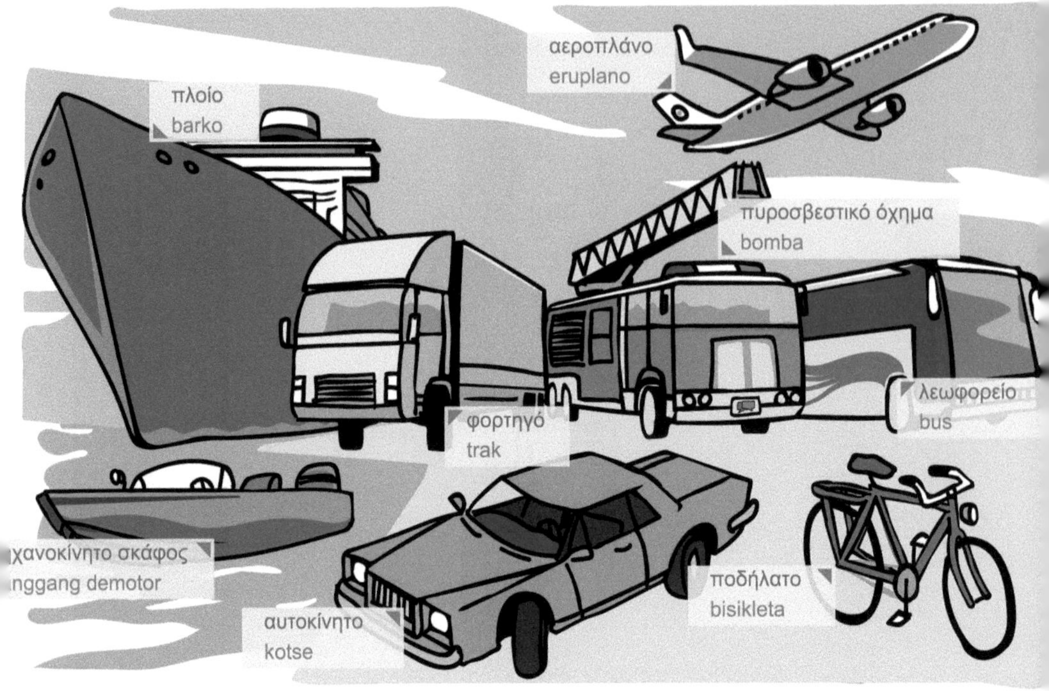
αεροπλάνο
eruplano
πλοίο
barko
πυροσβεστικό όχημα
bomba
λεωφορείο
bus
φορτηγό
trak
ιχανοκίνητο σκάφος
inggang demotor
ποδήλατο
bisikleta
αυτοκίνητο
kotse

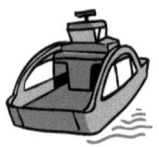

φεριμπότ

lantsang pantawid

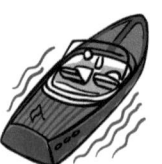

βάρκα

bangka

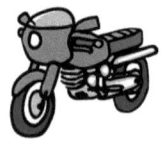

μοτοσικλέτα

motorsiklo

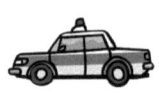

περιπολικό

sasakyan ng pulis

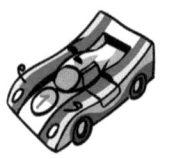

αγωνιστικό αυτοκίνητο

kotseng pangkarera

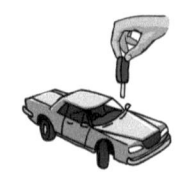

ενοικιαζόμενο αυτοκίνητο

nirerentahang kotse

| | | |
|---|---|---|
|  |  |  |
| διαμοιρασμός αυτοκινήτων | γερανός | απορριμματοφόρο |
| car sharing | trak na panghila | trak na pantapon ng basura |
|  |  |  |
| κινητήρας | καύσιμο | βενζινάδικο |
| motor | panggatong | gasolinahan |
|  | 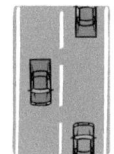 |  |
| πινακίδα σήμανσης | κυκλοφορία | κυκλοφοριακή συμφόρηση |
| karatula ng trapiko | trapiko | masikip na trapiko |
|  |  |  |
| χώρος στάθμευσης | σιδηροδρομικός σταθμός | σιδηροδρομικές γραμμές |
| paradahan ng kotse | estasyon ng tren | riles |
|  | 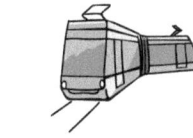 |  |
| τρένο | τραμ | βαγόνι |
| tren | trambya | wagon |

ελικόπτερο

helikopter

αεροδρόμιο

paliparan

πύργος

tore

επιβάτης

pasahero

εμπορευματοκιβώτιο

sisidlan

χαρτοκιβώτιο

karton

καρότσι

kariton

καλάθι

basket

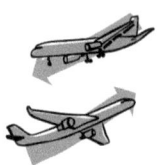

απογειώνομαι /
προσγειόνομαι

umalis / lumapag

## πόλη
## lungsod

χωριό

nayon

κέντρο της πόλης

sentro ng lungsod

σπίτι

bahay

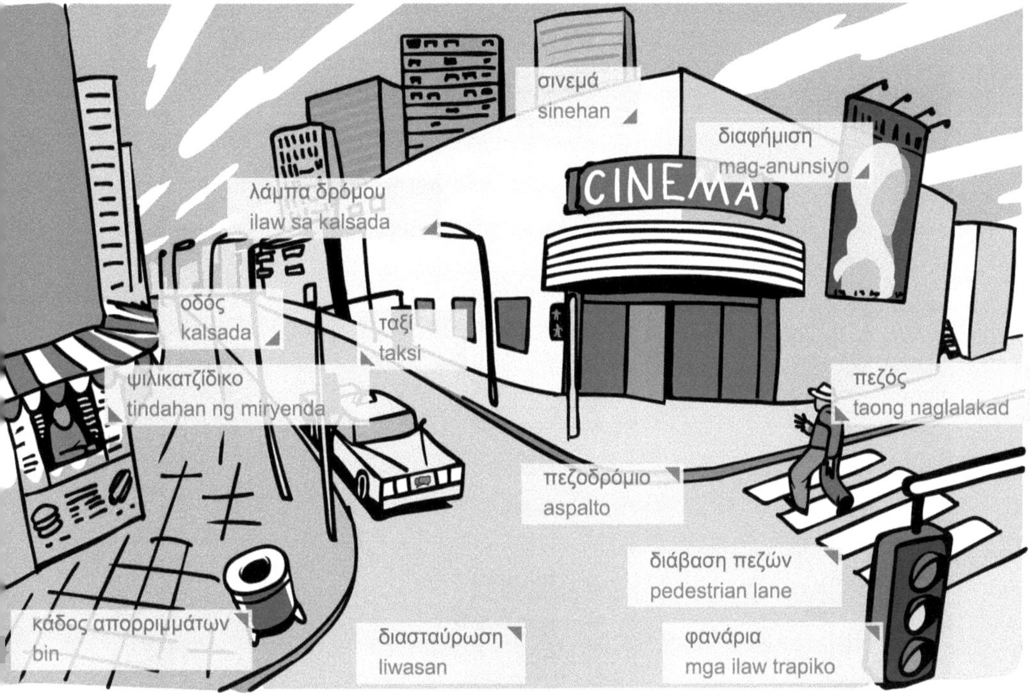

σινεμά
sinehan

διαφήμιση
mag-anunsiyo

λάμπα δρόμου
ilaw sa kalsada

οδός
kalsada

ταξί
taksi

ψιλικατζίδικο
tindahan ng miryenda

πεζός
taong naglalakad

πεζοδρόμιο
aspalto

διάβαση πεζών
pedestrian lane

κάδος απορριμμάτων
bin

διασταύρωση
liwasan

φανάρια
mga ilaw trapiko

καλύβα
kubo

διαμέρισμα
patag

σιδηροδρομικός σταθμός
estasyon ng tren

δημαρχείο
munisipyo

μουσείο
museo

σχολείο
paaralan

πανεπιστήμιο

unibersidad

τράπεζα

bangko

νοσοκομείο

ospital

ξενοδοχείο

hotel

φαρμακείο

parmasya

γραφείο

opisina

βιβλιοπωλείο

tindahan ng aklat

κατάστημα

tindahan

ανθοπωλείο

tindahan ng bulaklak

σούπερ μάρκετ

supermarket

αγορά

palengke

πολυκατάστημα

department store

ιχθυοπωλείο

tindahan ng isda

εμπορικό κέντρο

sentrong pamilihan

λιμάνι

daungan

πάρκο

parke

παγκάκι

bangko

γέφυρα

tulay

σκάλες

hagdan

μετρό

underground

τούνελ

tunel

στάση λεωφορείου

hintuan ng bus

μπαρ

bar

εστιατόριο

restawran

γραμματοκιβώτιο

kahon ng koreo

πινακίδα δρόμου

karatula sa kalsada

παρκόμετρο

metro ng paradahan

ζωολογικός κήπος

zoo

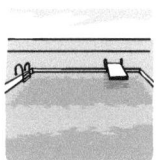

πισίνα

swimming pool

τζαμί

moske

αγρόκτημα

bukid

ρύπανση

polusyon

νεκροταφείο

libingan

εκκλησία

simbahan

παιδική χαρά

palaruan

ναός

templo

## τοπίο
## tanawin

φύλλο
dahon

πινακίδα κατεύθυνσης
posteng pananda

δρόμος
daan

λιβάδι
parang

πέτρα
bato

δέντρο
kahoy

πεζοπόρος
hiker

ποτάμι
ilog

χορτάρι
damo

λουλούδι
bulaklak

κοιλάδα

lambak

λόφος

burol

λίμνη

look

δάσος

kagubatan

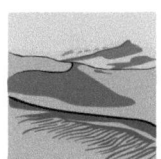

έρημος

disyerto

ηφαίστειο

bulkan

κάστρο

kastilyo

ουράνιο τόξο

bahaghari

μανιτάρι

kabute

φοίνικας

palmera

κουνούπι

lamok

μύγα

langaw

μυρμήγκι

langgam

μέλισσα

bubuyog

αράχνη

gagamba

σκαθάρι

salagubang

βάτραχος

palaka

σκίουρος

ardilya

σκαντζόχοιρος

parkupino

λαγός

liyebre

κουκουβάγια

kuwago

πουλί

ibon

κύκνος

sisne

αγριογούρουνο

bulugan

ελάφι

usa

άλκη

moose

φράγμα

dam

ανεμογεννήτρια

turbina ng hangin

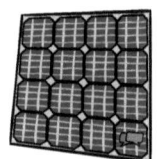

ηλιακός συλλέκτης

solar panel

κλίμα

klima

# εστιατόριο
# restawran

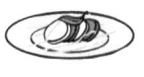

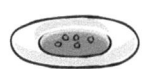

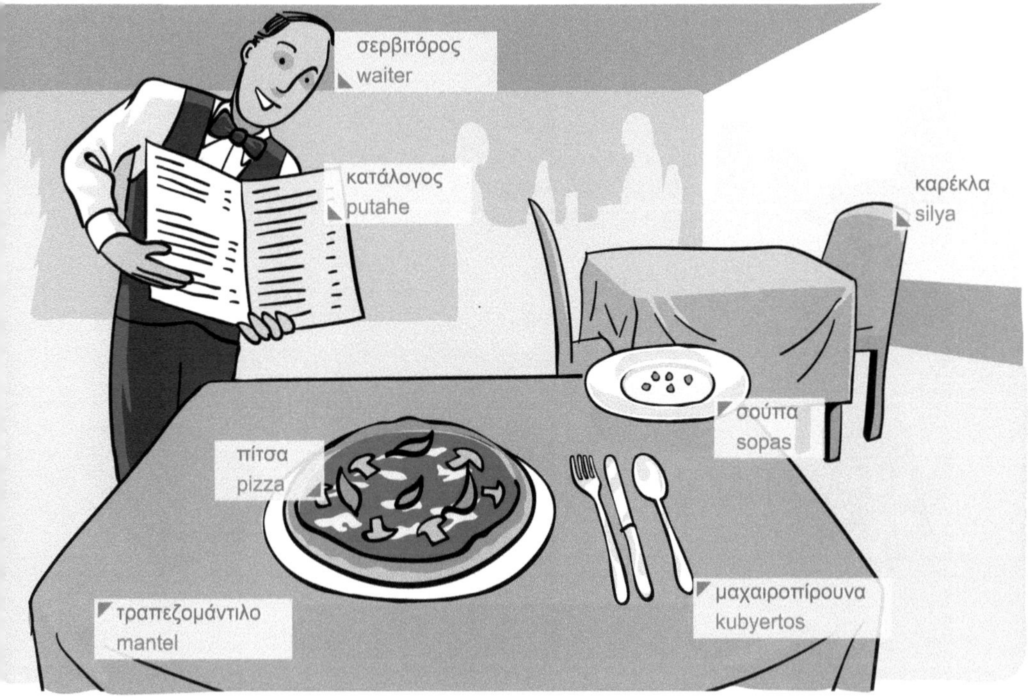
σερβιτόρος
waiter
κατάλογος
putahe
καρέκλα
silya
σούπα
sopas
πίτσα
pizza
μαχαιροπίρουνα
kubyertos
τραπεζομάντιλο
mantel

ορεκτικό
panimula

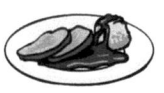

κύριο πιάτο
pangunahing pagkain

επιδόρπιο
panghimagas

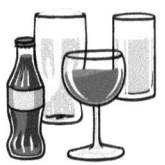

ποτά
inumin

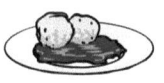

φαγητό
pagkain

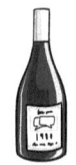

μπουκάλι
bote

φαστ φουντ

fastfood

φαγητό στ' όρθιο

pagkaing kalye

τσαγιέρα

tsarera

δοχείο ζάχαρης

panutsa

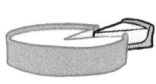

μερίδα

bahagi

μηχανή εσπρέσο

espresso machine

ψηλή καρέκλα

mataas na upuan

λογαριασμός

bayarin

δίσκος

bandehado

μαχαίρι

kutsilyo

πιρούνι

tinidor

κουτάλι

kutsara

κουταλάκι του τσαγιού

kutsarita

πετσέτα φαγητού

serviette

ποτήρι

baso

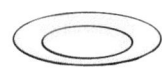

πιάτο

pinggan

πιάτο σούπας

platong pansopas

πιατάκι φλιτζανιού

platito

σάλτσα

sawsawan

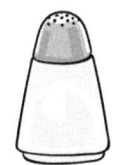

αλατιέρα

pangkalog ng asin

μύλος για πιπέρι

panggiling ng paminta

ξύδι

suka

λάδι

langis

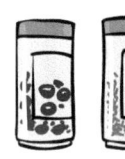

μπαχαρικά

pampalasa

κέτσαπ

ketsup

μουστάρδα

mustasa

μαγιονέζα

mayonnaise

# σούπερ μάρκετ
# supermarket

προσφορά
espesyal na alok
FOR
πελάτης
kustomer
γαλακτοκομικά προϊόντα
produktong mantikilya
φρούτα
prutas
καρότσι για ψώνια
troli

BUTCHERS

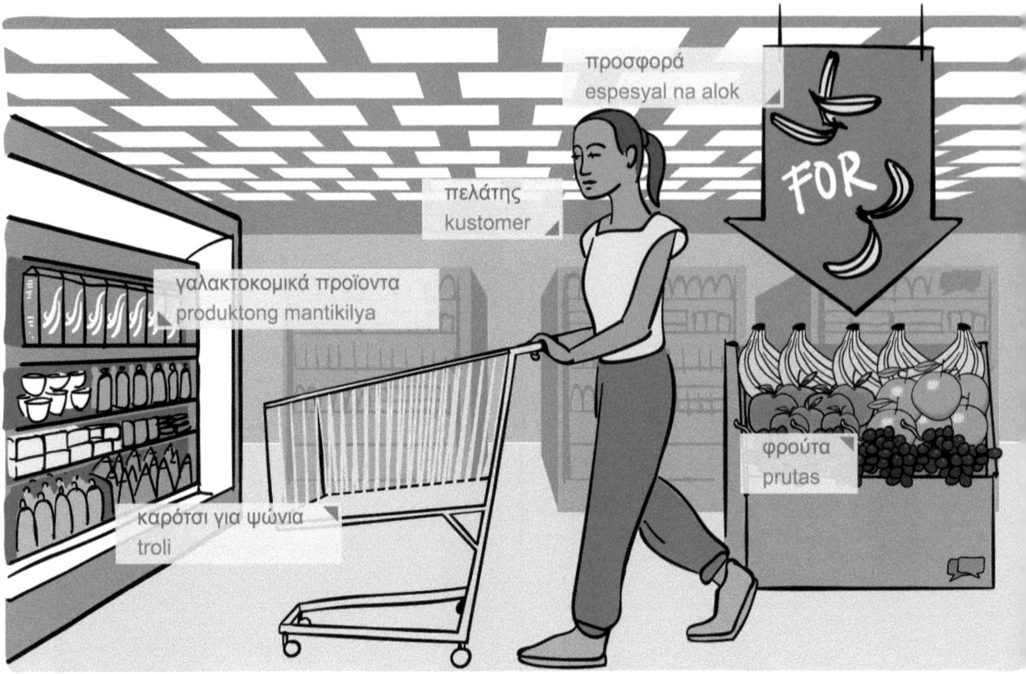

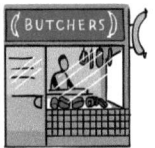

κρεοπωλείο

butser

BAKERY

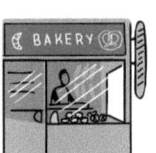

φούρνος

panaderya

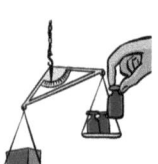

ζυγίζω

timbang

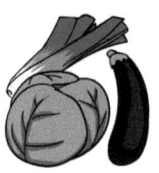

λαχανικά

mga gulay

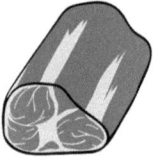

κρέας

karne

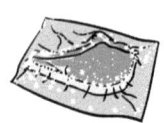

κατεψυγμένα τρόφιμα

pinalamig na pagkain

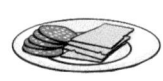

αλλαντικά

malamig na karne

κονσερβοποιημένη τροφή

delatang pagkain

απορρυπαντικό ρούχων

pulbos na panlaba

γλυκά

matatamis

οικιακά είδη

mga produktong pambahay

καθαριστικά προϊόντα

mga produktong panlinis

πωλήτρια

tindera

ταμείο

cash register

ταμίας

kahera

λίστα για ψώνια

listahan ng pinamili

ωράριο λειτουργίας

oras ng pagbubukas

πορτοφόλι

pitaka

πιστωτική κάρτα

credit card

τσάντα

bag

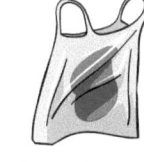

πλαστική σακούλα

plastik bag

νερό

tubig

χυμός

juice

γάλα

gatas

κόκα κόλα

coke

κρασί

alak

μπίρα

serbesa

αλκοόλ

alak

κακάο

kakaw

τσάι

tsaa

καφές

kape

εσπρέσο

espresso

καπουτσίνο

cappuccino

μπανάνα

saging

μήλο

mansanas

πορτοκάλι

kahel

πεπόνι

melon

λεμόνι

limon

καρότο

carrot

σκόρδο

bawang

μπαμπού

kawayan

κρεμμύδι

sibuyas

μανιτάρι

kabute

ξηροί καρποί

mani

νουντλς

noodles

μακαρόνια

spaghetti

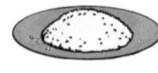

ρύζι

bigas

σαλάτα

ensalada

πατατάκια

chips

τηγανητές πατάτες

pritong patatas

πίτσα

pizza

χάμπουργκερ

hamburger

σάντουιτς

sandwich

κοτολέτα

piraso ng karneng walang buto

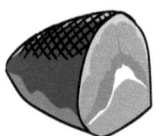

ζαμπόν

hamon

σαλάμι

salami

λουκάνικο

tsoriso

κοτόπουλο

manok

ψητό

inihaw

ψάρι

isda

χυλός βρώμης

mga porridge oat

μούσλι

muesli

κορν φλέικς

cornflakes

αλεύρι

harina

κρουασάν

croissant

ψωμάκι

rolyong tinapay

ψωμί

tinapay

τοστ

tostado

μπισκότα

biskuwit

βούτυρο

mantikilya

τυρόπηγμα

keso

κέικ

keyk

αυγό

itlog

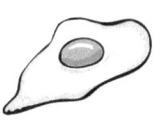

τηγανητό αυγό

pritong itlog

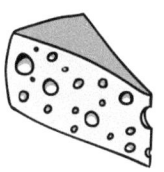

τυρί

keso

παγωτό

sorbetes

ζάχαρη

asukal

μέλι

pulot

μαρμελάδα

jam

άλλειμμα σοκολάτας

tsokolateng pinapahid

κάρυ

curry

# αγρόκτημα
## bukid

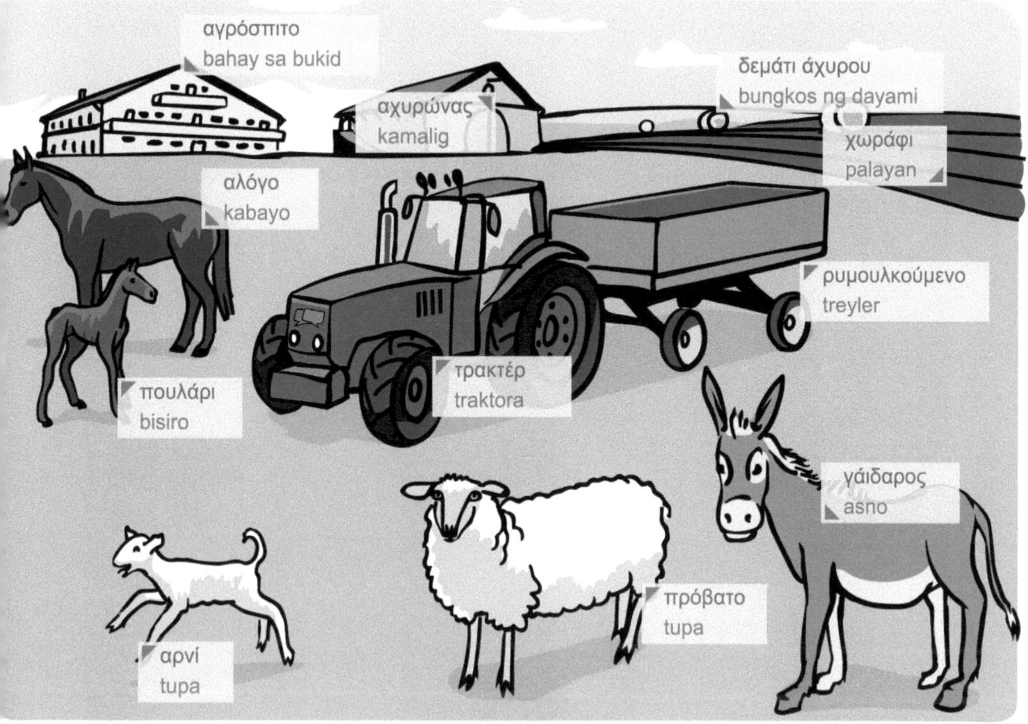
αγρόσπιτο
bahay sa bukid
αχυρώνας
kamalig
δεμάτι άχυρου
bungkos ng dayami
χωράφι
palayan
αλόγο
kabayo
ρυμουλκούμενο
treyler
τρακτέρ
traktora
πουλάρι
bisiro
γάιδαρος
asno
πρόβατο
tupa
αρνί
tupa

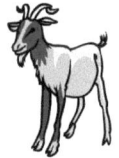

κατσίκα

kambing

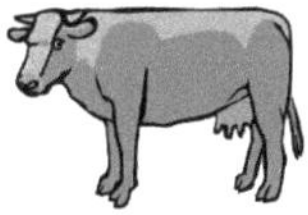

αγελάδα

baka

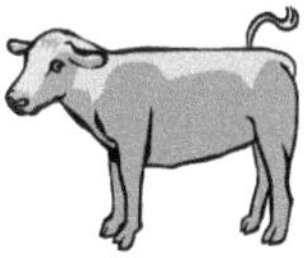

μοσχαράκι

guya

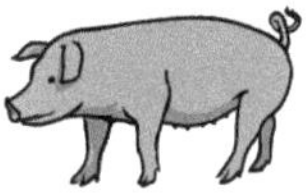

γουρούνι

baboy

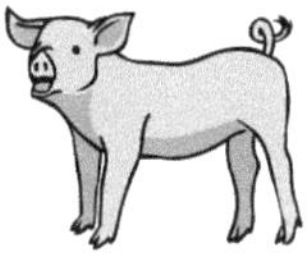

γουρουνάκι

biik

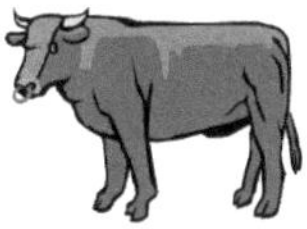

ταύρος

toro

χήνα

gansa

πάπια

pato

κοτοπουλάκι

sisiw

κότα

inahin

κόκορας

katyaw

αρουραίος

daga

γάτα

pusa

ποντίκι

daga

βόδι

kapong baka

σκύλος

aso

σπιτάκι σκύλου

bahay ng aso

λάστιχο κήπου

hose sa hardin

ποτιστήρι

latang pandilig

θεριστήρι

haras

αλέτρι

araro

δρεπάνι

karit

τσάπα

asarol

δίκρανο

tuhugin

τσεκούρι

palakol

χειράμαξα

karitela

ταΐστρα

sabsaban

δοχείο γάλακτος

lata ng gatas

σάκος

sako

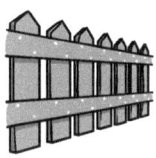

φράχτης

bakod

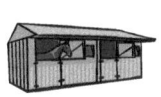

στάβλος

kuwadra

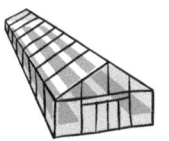

θερμοκήπιο

punlaan

έδαφος

lupa

σπόρος

buto

λίπασμα

pataba

θεριζοαλωνιστική μηχανή

combine harvester

θερίζω

mag-ani

συγκομιδή

ani

γιαμς

yams

σιτάρι

trigo

σόγια

soya

πατάτα

patatas

καλαμπόκι

mais

κράμβη

rapeseed

οπωροφόρο δέντρο

kahoy na namumunga

μανιόκα

kamoteng kahoy

δημητριακά

siryal

# σπίτι
# bahay

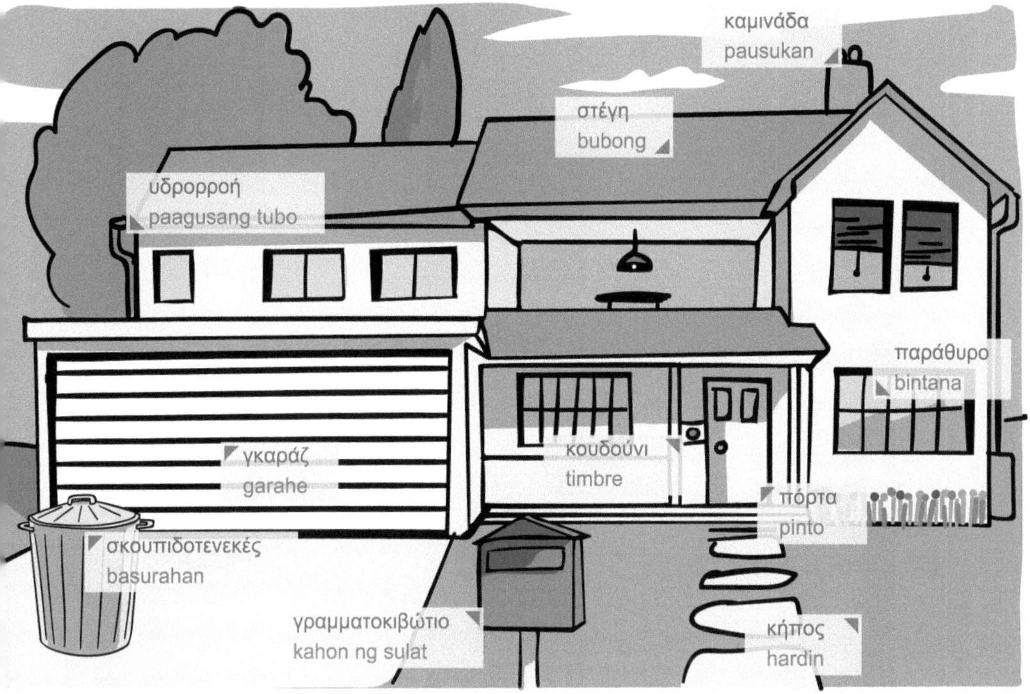

καμινάδα
pausukan
στέγη
bubong
υδρορροή
paagusang tubo
παράθυρο
bintana
γκαράζ
garahe
κουδούνι
timbre
πόρτα
pinto
σκουπιδοτενεκές
basurahan
γραμματοκιβώτιο
kahon ng sulat
κήπος
hardin


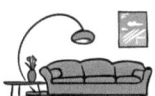

σαλόνι

salas

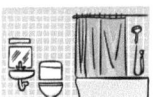

μπάνιο

palikuran

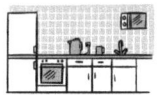

κουζίνα

kusina

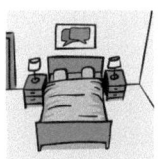

υπνοδωμάτιο

silid-tulugan

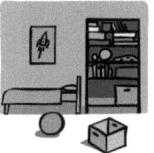

παιδικό δωμάτιο

silid ng bata

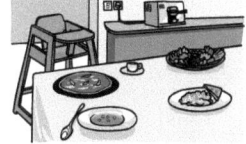

τραπεζαρία

hapag-kainan

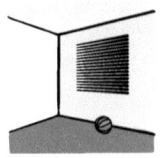

πάτωμα
sahig

τοίχος
pader

ορόφή
kisame

κελάρι
bodega ng alak

σάουνα
sauna

μπαλκόνι
balkonahe

βεράντα
terasa

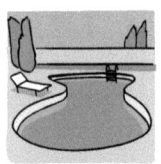

πισίνα
pool

μηχανή του γκαζόν
pamputol ng damo

σεντόνι
piraso ng papel

κάλυμμα κρεβατιού
kobrekama

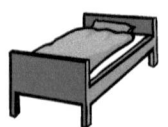

κρεβάτι
higaan

σκούπα
walis

κουβάς
timba

διακόπτης
pindutan

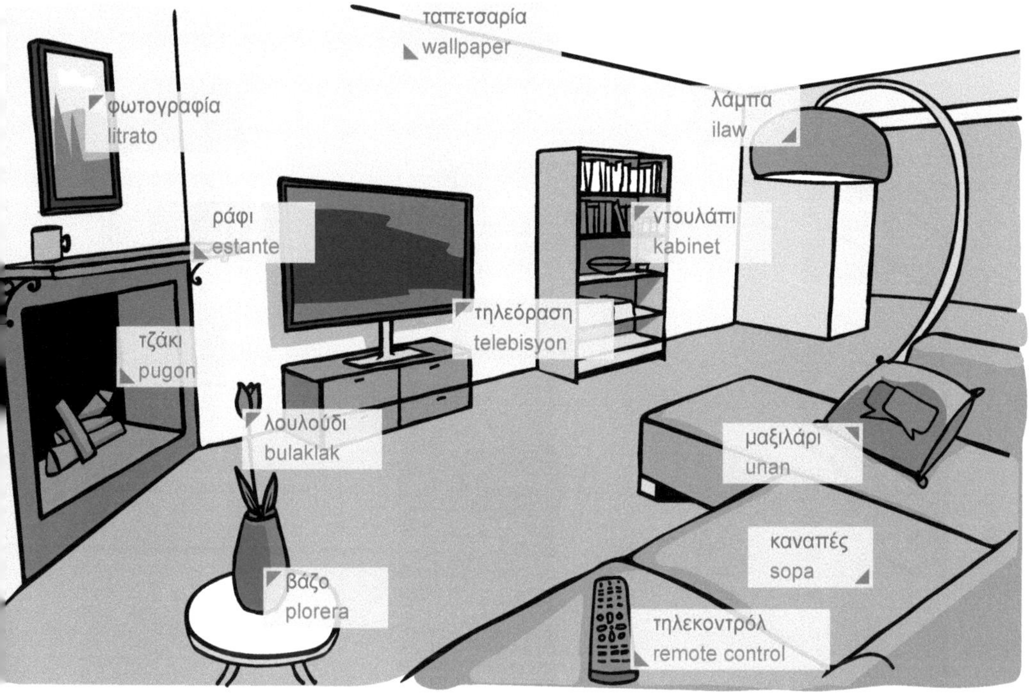

ταπετσαρία
wallpaper

φωτογραφία
litrato

λάμπα
ilaw

ράφι
estante

ντουλάπι
kabinet

τζάκι
pugon

τηλεόραση
telebisyon

λουλούδι
bulaklak

μαξιλάρι
unan

καναπές
sopa

βάζο
plorera

τηλεκοντρόλ
remote control

χαλί
karpet

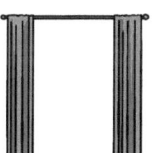

κουρτίνα
kurtina

τραπέζι
mesa

καρέκλα
silya

κουνιστή πολυθρόνα
tumba-tumba

πολυθρόνα
sandalan

βιβλίο
aklat

κουβέρτα
kumot

διακόσμηση
dekorasyon

καυσόξυλα
kahoy na panggatong

ταινία
pelikula

στερεοφωνικό σύστημα
hi-fi

κλειδί
susi

εφημερίδα
dyaryo

πίνακας ζωγραφικής
pinta

αφίσα
poster

ραδιόφωνο
radyo

σημειωματάριο
kuwaderno

ηλεκτρική σκούπα
vacuum cleaner

κάκτος
kaktus

κερί
kandila

# κουζίνα
# kusina

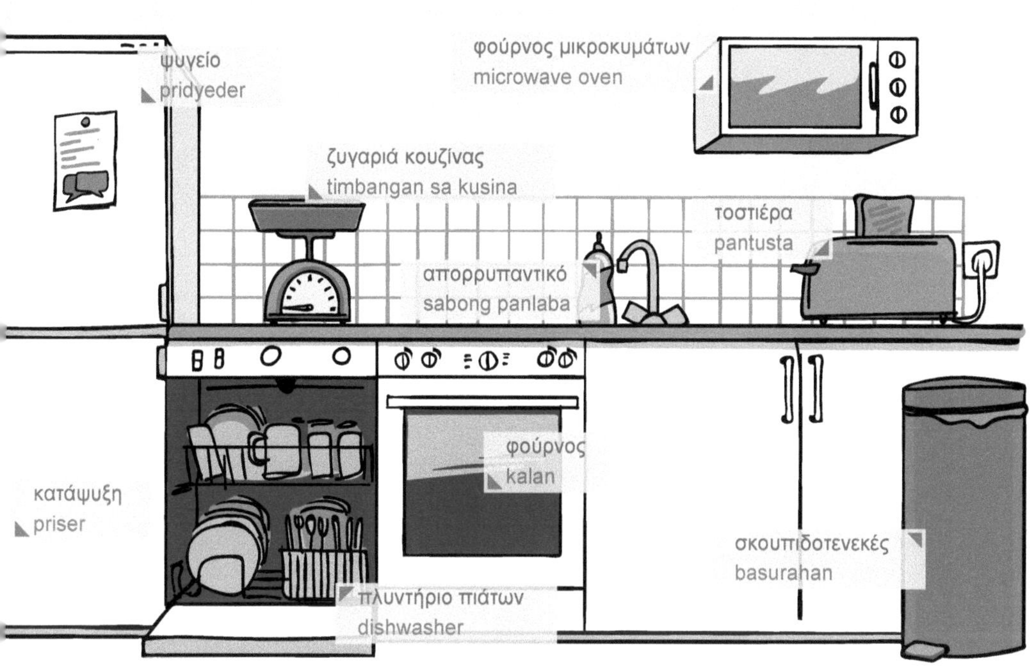
ψυγείο
pridyeder
φούρνος μικροκυμάτων
microwave oven
ζυγαριά κουζίνας
timbangan sa kusina
τοστιέρα
pantusta
απορρυπαντικό
sabong panlaba
φούρνος
kalan
κατάψυξη
priser
σκουπιδοτενεκές
basurahan
πλυντήριο πιάτων
dishwasher

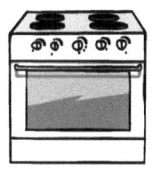

κουζίνα

lutuan

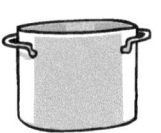

κατσαρόλα

kaldero

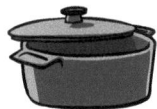

μαντεμένια κατσαρόλα

kalderong bakal

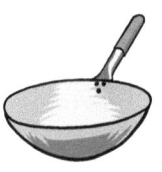

γουόκ/καντάι

wok / kadai

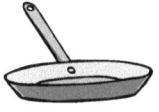

τηγάνι

kawali

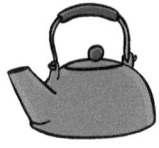

βραστήρας

takore

ατμομάγειρας

pasingawan

ταψί

bandehado sa paghuhurno

πιατικά

babasagin

κούπα

mug

μπολ

mangkok

ξυλάκια

sipit ng intsik

κουτάλα

sandok

σπάτουλα

spatula

ανακατεύω

pampalis

σουρωτήρι

pansala

σουρωτηράκι

salaan

τρίφτης

pangkayod

γουδί

almires

ψησταριά

barbikyo

ανοιχτή φωτιά

siga

σανίδα κοπής

tadtaran

πλάστης

rodilyo

ανοιχτήρι φελλών

tribuson

κονσέρβα

lata

ανοιχτήρι κονσέρβας

pambukas ng lata

γάντι φούρνου

panghawak ng kaldero

νεροχύτης

lababo

βούρτσα

bras

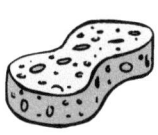

σφουγγάρι

espongha

μπλέντερ

blender

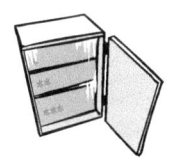

καταψύκτης

malalim na freezer

μπιμπερό

bote ng sanggol

βρύση

gripo

# μπάνιο
## palikuran

θέρμανση
pampainit
πετσέτα
tuwalya
ντους
shower
κουρτίνα ντουζ
kurtina sa shower
αφρόλουτρο
bubble bath
μπανιέρα
banyera
ποτήρι
baso
πλυντήριο ρούχων
washing machine
βρύση
gripo
πλακάκια
tiles
γιογιό
arinola
νεροχύτης
lababo


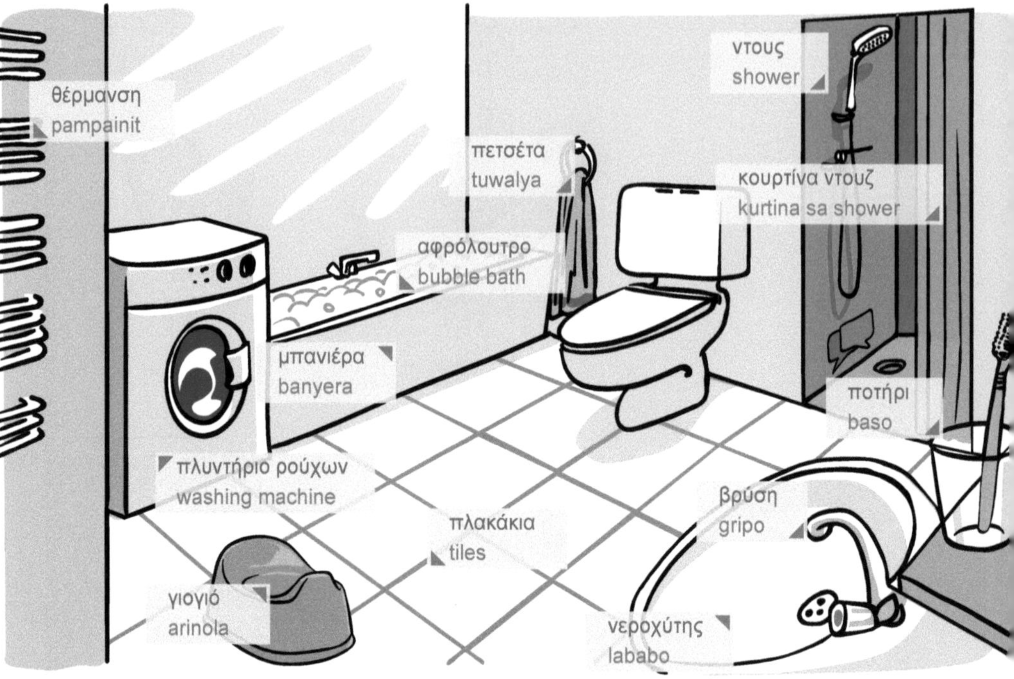

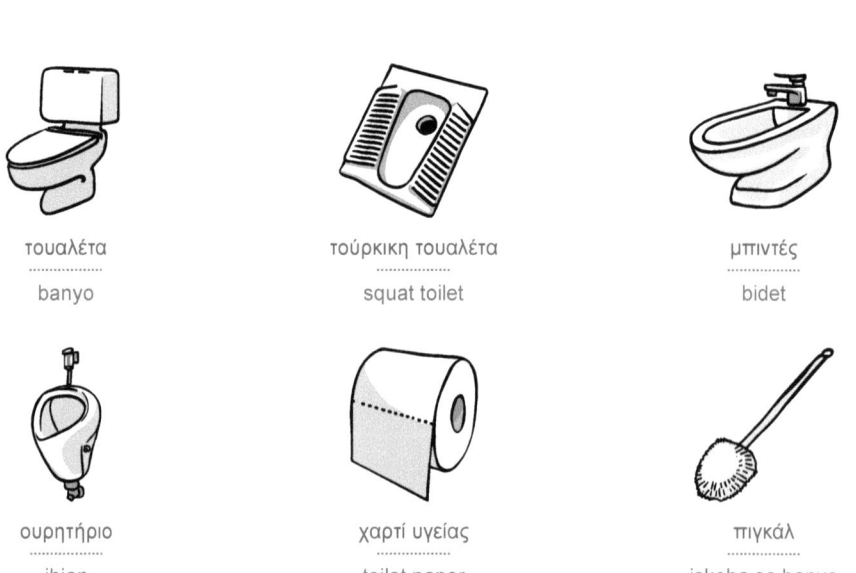

τουαλέτα
banyo

τούρκικη τουαλέτα
squat toilet

μπιντές
bidet

ουρητήριο
ihian

χαρτί υγείας
toilet paper

πιγκάλ
iskoba sa banyo

οδοντόβουρτσα

sipilyo

οδοντόκρεμα

tutpeyst

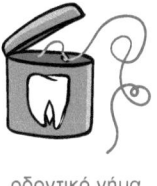

οδοντικό νήμα

dental floss

πλένω

hugasan

τηλέφωνο ντους

shower na hinahawakan

ντουσιέρα

dutsa

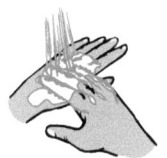

λεκάνη

palanggana

βούρτσα πλάτης

bras panlikod

σαπούνι

sabon

αφρόλουτρο

shower gel

σαμπουάν

shampoo

φανέλα

pranela

σιφόνι

paagusan

κρέμα

krema

αποσμητικό

deodorant

καθρέφτης

salamin

καθρέφτης χειρός

salaming hinahawakan

ξυραφάκι

pang-ahit

αφρός ξυρίσματος

bulang pang-ahit

αφτερσέιβ

aftershave

χτένα

suklay

βούρτσα

brush

σεσουάρ

pantuyo ng buhok

λακ

sprey sa buhok

μακιγιάζ

makeup

κραγιόν

lipistik

βερνίκι νυχιών

pampakintab ng kuko

βαμβάκι

bulak na lana

ψαλίδι νυχιών

panggupit ng kuko

άρωμα

pabango

νεσεσέρ

washbag

σκαμπό

stool

ζυγαριά

timbangan

μπουρνούζι

bata

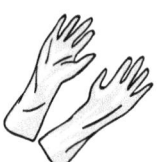

ελαστικά γάντια

gomang guwantes

ταμπόν

tampon

πετσέτα υγιεινής

malinis na tuwalya

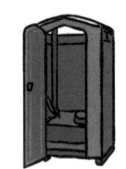

χημική τουαλέτα

chemical toilet

# παιδικό δωμάτιο
# silid ng bata

ξυπνητήρι
alarm clock
λούτρινο ζωάκι
nayayakap na laruan
αυτοκινητάκι
laruang kotse
κουδουνίστρα
kuliling
κουκλόσπιτο
bahay ng manika
δώρο
regalo


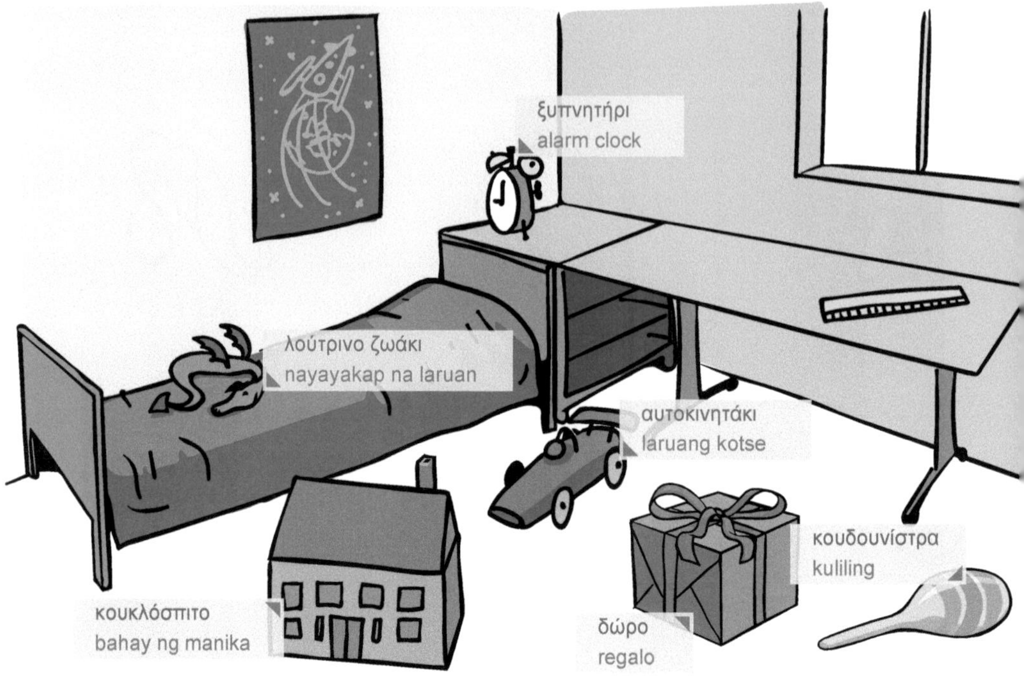

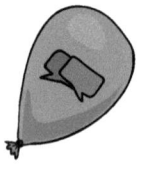

μπαλόνι
lobo

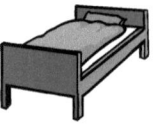

κρεβάτι
higaan

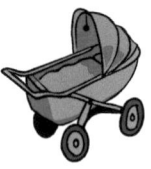

καροτσάκι
pram

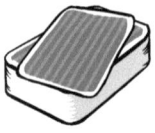

τράπουλα
hanay ng mga baraha

παζλ
jigsaw

SUPER MEGA

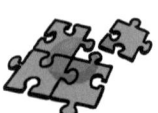

κόμικς
komiks

τουβλάκια lego

lego bricks

τουβλάκια κατασκευών

blokeng laruan

φιγούρα δράσης

action figure

βρεφικό φορμάκι

paglaki ng sanggol

φρίσμπι

frisbee

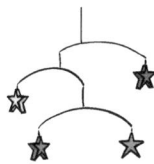

μόμπιλο

mobile

επιτραπέζιο παιχνίδι

board game

ζάρια

dice

σετ τρενάκι

model train set

πιπίλα

manikin

πάρτι

salu-salo

εικονογραφημένο βιβλίο

aklat ng mga litrato

μπάλα

bola

κούκλα

manika

παίζω

maglaro

σκάμμα με άμμο

tibagan ng buhangin

κούνια

duyan

παιχνίδια

mga laruan

κονσόλα βιντεοπαιχνιδιών

video game console

τρίκυκλο

traysikel

αρκουδάκι

teddy bear

ντουλάπα

aparador

## ρούχα

## pananamit

κάλτσες

medyas

καλτσοδέτες

stockings

καλσόν

pampitis

κασκόλ
bandana

ομπρέλα
payong

ζώνη
sinturon

μπλουζάκι
t-shirt

μπότες
bota

παντόφλες
tsinelas

αθλητικά παπούτσια
sneakers

σανδάλια
sandalyas

παπούτσια
sapatos

γαλότσες
botang degoma

εσώρουχο
salawal

σουτιέν
bra

φανέλα
tsaleko

σώμα

katawan

παντελόνι

pantalon

τζιν παντελόνι

jeans

φούστα

palda

μπλούζα

blusa

πουκάμισο

kamiseta

πουλόβερ

pullover

πουλόβερ

panlamig

σακάκι

blazer

μπουφάν

diyaket

παλτό

kapa

αδιάβροχο πανωφόρι

kapote

κοστούμι

kasuotan

φόρεμα

bistida

νυφικό

damit pangkasal

κοστούμι
terno

νυχτικό
damit pantulog

πιτζάμες
padyama

σάρι
sari

μαντήλι
bandana sa ulo

τουρμπάνι
turban

μπούρκα
burka

καφτάνι
kaftan

μουσουλμανικό ένδυμα
abaya

ολόσωμο μαγιό
panlangoy

ανδρικό μαγιό
trunks

σορτς
salawal

αθλητική φόρμα
tracksuit

ποδιά
apron

γάντια
guwantes

κουμπί

butones

γυαλιά

salamin

βραχιόλι

pulseras

περιδέραιο

kuwintas

δαχτυλίδι

singsing

σκουλαρίκι

hikaw

καπέλο

takip

κρεμάστρα

sabitan ng kapa

καπέλο

sombrero

γραβάτα

kurbata

φερμουάρ

siper

κράνος

helmet

τιράντες

tirante

μαθητική στολή

uniporme sa paaralan

στολή

uniporme

σαλιάρα
bibero

πιπίλα
manikin

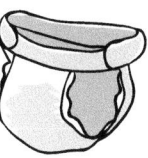

πάνα
lampin

## γραφείο
## opisina

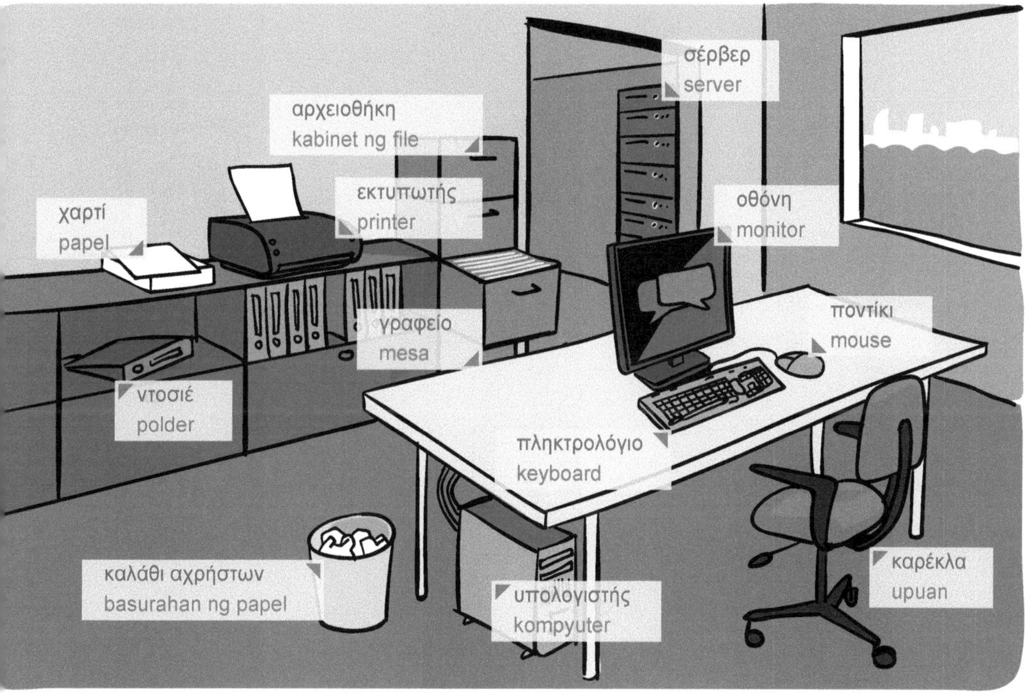

σέρβερ
server

αρχειοθήκη
kabinet ng file

εκτυπωτής
printer

οθόνη
monitor

χαρτί
papel

γραφείο
mesa

ποντίκι
mouse

ντοσιέ
polder

πληκτρολόγιο
keyboard

καλάθι αχρήστων
basurahan ng papel

υπολογιστής
kompyuter

καρέκλα
upuan

κούπα του καφέ
tasa ng kape

κομπιουτεράκι
calculator

ίντερνετ
internet

λάπτοπ

laptop

γράμμα

sulat

μήνυμα

mensahe

κινητό

mobile

δίκτυο

network

φωτοτυπικό μηχάνημα

photocopier

λογισμικό

software

τηλέφωνο

telepono

πρίζα

saksakan

συσκευή φαξ

fax machine

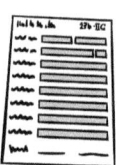

έντυπο

anyo

έγγραφο

dokumento

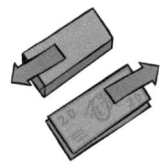

αγοράζω

bumili

πληρώνω

magbayad

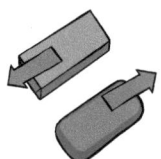

συναλλάσσομαι

ikalakal

χρήματα

pera

δολάριο

dolyar

ευρώ

euro

γιεν

yen

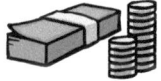

ρούβλι

rublo

ελβετικό φράγκο

swiss franc

ρενμίνμπι γιουάν

renminbi yuan

ρουπία

rupee

ΑΤΜ (αυτόματη ταμειακή μηχανή)

cash point

ανταλλακτήρια
συναλλάγματος

tanggapan ng palitan ng pera

χρυσός

ginto

ασήμι

tanso

πετρέλαιο

langis

ενέργεια

enerhiya

τιμή

presyo

συμβόλαιο

kontrata

φόρος

buwis

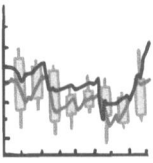

μετοχή

stock

δουλεύω

trabaho

υπάλληλος

empleyado

εργοδότης

taga-empleyo

εργοστάσιο

pabrika

κατάστημα

tindahan

# επαγγέλματα
# mga trabaho

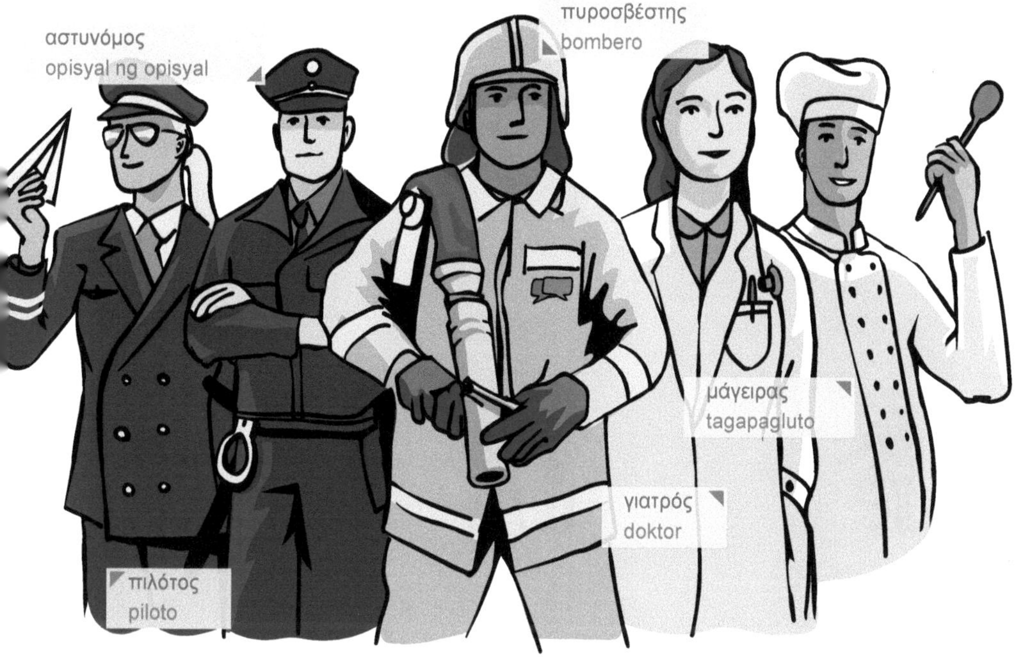
αστυνόμος
opisyal ng opisyal
πυροσβέστης
bombero
μάγειρας
tagapagluto
γιατρός
doktor
πιλότος
piloto

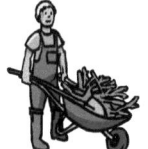

κηπουρός

hardinero

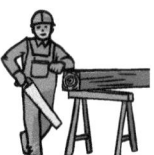

ξυλουργός

karpentero

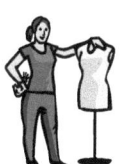

μοδίστρα

mananahi

δικαστής

hukom

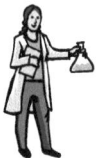

χημικός

kemiko

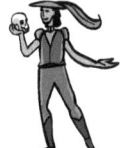

ηθοποιός

aktor

οδηγός λεωφορείου

tsuper ng bus

ταξιτζής

tsuper ng taxi

ψαράς

mangingisda

καθαρίστρια

tagapaglinis

τεχνίτης στεγών

tagapagkabit ng bubong

σερβιτόρος

waiter

κυνηγός

mangangaso

ζωγράφος

pintor

αρτοποιός

panadero

ηλεκτρολόγος

elektrisyan

οικοδόμος

tagapagtayo

μηχανολόγος

inhinyero

κρεοπώλης

magkakarne

υδραυλικός

tubero

ταχυδρόμος

kartero

στρατιώτης

sundalo

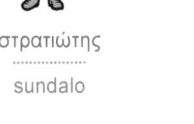

αρχιτέκτονας

arkitekto

ταμίας

kahera

ανθοπώλης

magtitinda ng bulaklak

κομμωτής

manggugupit

ελεγκτής εισιτηρίων

konduktor

μηχανικός

mekaniko

καπετάνιος

kapitan

οδοντίατρος

dentista

επιστήμονας

siyentipiko

ραβίνος

rabbi

ιμάμης

imam

μοναχός

monghe

ιερέας

klero

# εργαλεία
# mga kagamitan

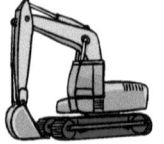

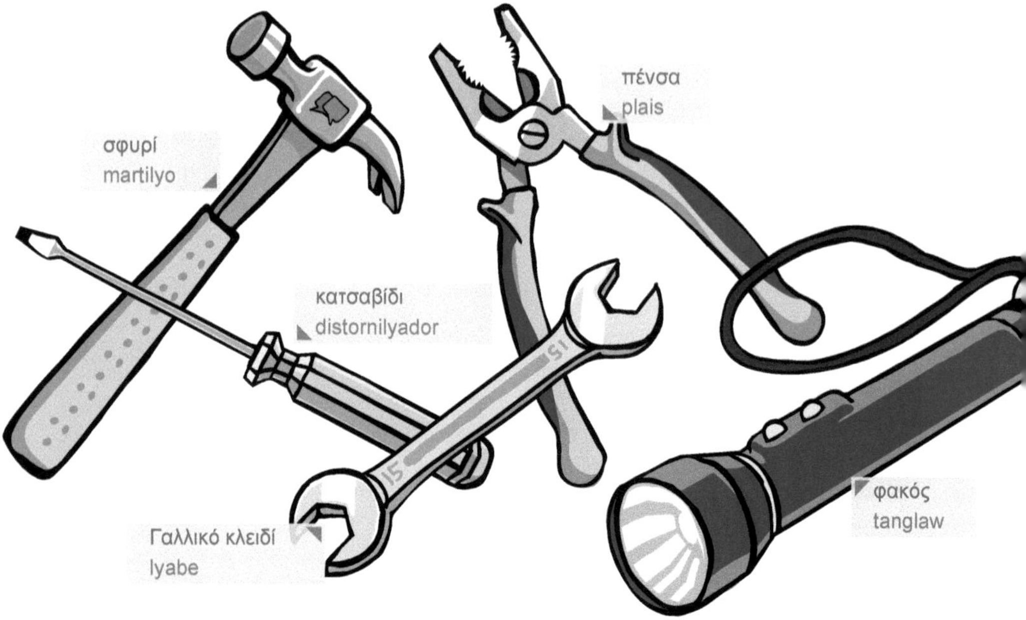

σφυρί
martilyo
πένσα
plais
κατσαβίδι
distornilyador
φακός
tanglaw
Γαλλικό κλειδί
lyabe


εκσκαφέας

panghukay

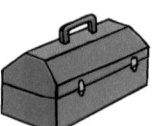

εργαλειοθήκη

toolbox

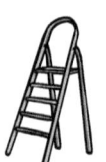

σκάλα

hagdan

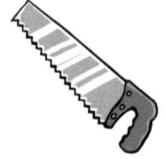

πριόνι

lagari

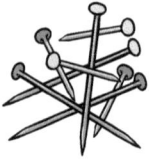

καρφιά

mga pako

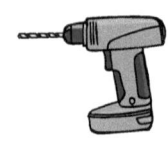

τρυπάνι

pambutas

επισκευάζω

kumpunihin

φτυάρι

pala

Να πάρει!

Kainis!

φαράσι

pandakot

δοχείο χρωμάτων

palayok ng pintura

βίδες

mga tornilyo

## μουσικά όργανα
## mga pangmusikang instrumento

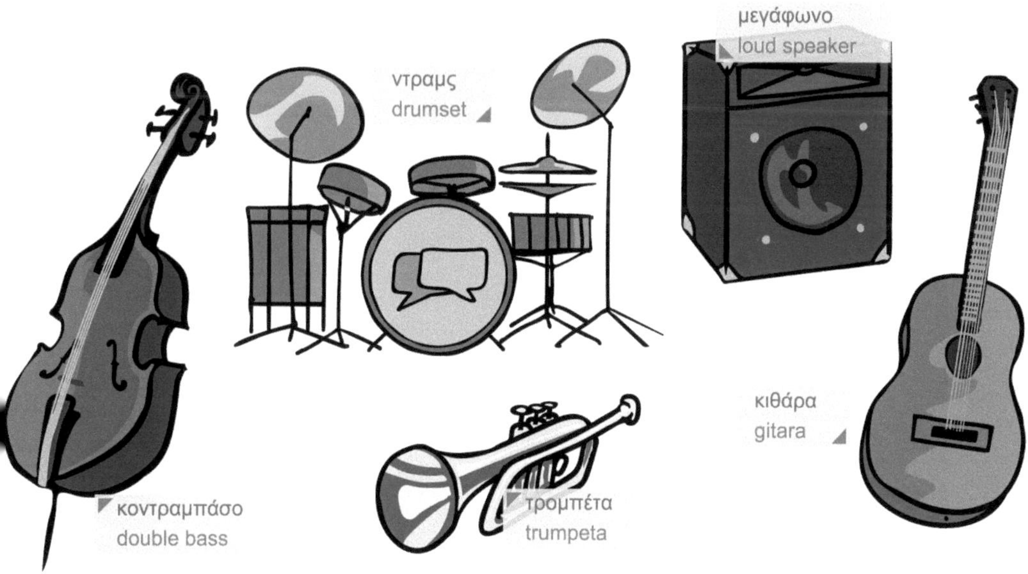

μεγάφωνο
loud speaker

ντραμς
drumset

κοντραμπάσο
double bass

τρομπέτα
trumpeta

κιθάρα
gitara

πιάνο

piyano

βιολί

biyolin

μπάσο

bass

τύμπανα

timpani

τύμπανο

mga drum

πλήκτρα

keyboard

σαξόφωνο

saksopon

φλάουτο

plauta

μικρόφωνο

mikropono

μουσικά όργανα - mga pangmusikang instrumento

# ζωολογικός κήπος

## zoo

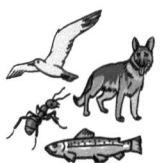

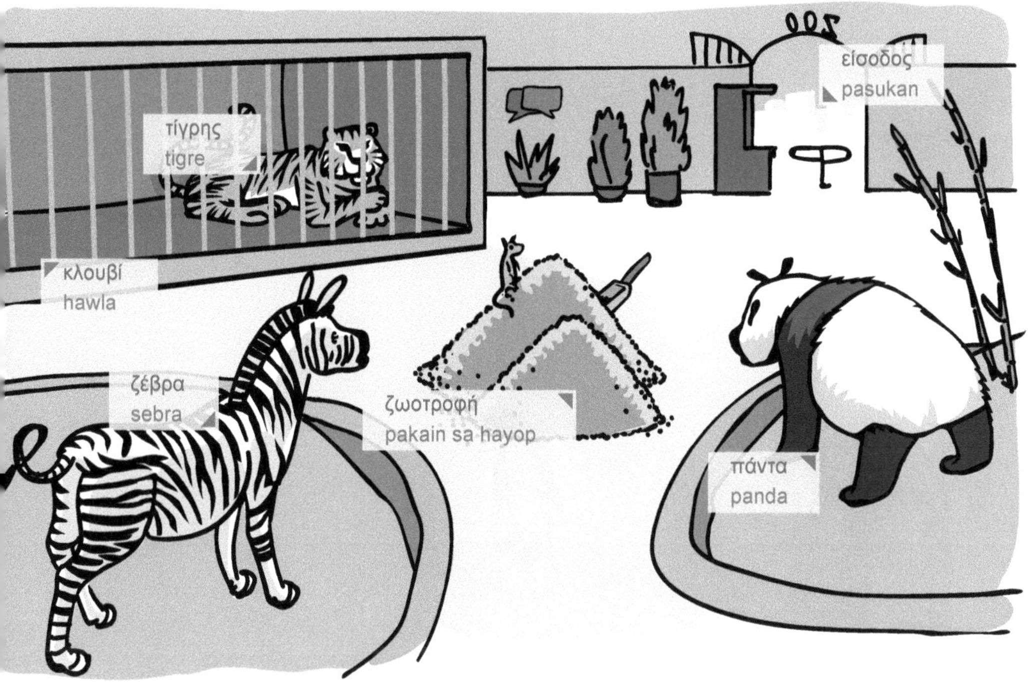

τίγρης
tigre
κλουβί
hawla
ζέβρα
sebra
ζωοτροφή
pakain sa hayop
είσοδος
pasukan
πάντα
panda


ζώα

mga hayop

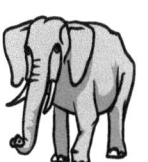

ελέφαντας

elepante

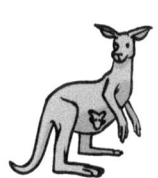

καγκουρό

kanggaro

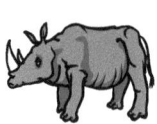

ρινόκερος

rhino

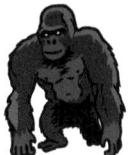

γορίλας

gorilya

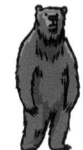

αρκούδα

oso

καμήλα

kamelyo

στρουθοκάμηλος

ostrich

λιοντάρι

leon

πίθηκος

unggoy

φλαμίνγκο

flamingo

παπαγάλος

loro

πολική αρκούδα

polar bear

πιγκουίνος

penguin

καρχαρίας

pating

παγώνι

paboreal

φίδι

ahas

κροκόδειλος

buwaya

φύλακας ζωολογικού κήπου

tagapag-alaga ng zoo

φώκια

seal

τζάγκουαρ

jaguar

πόνυ

buriko

λεοπάρδαλη

leopardo

ιπποπόταμος

hipo

καμηλοπάρδαλη

dyirap

αετός

agila

αγριογούρουνο

bulugan

ψάρι

isda

χελώνα

pagong

θαλάσσιος ίππος

walrus

αλεπού

soro

γαζέλα

gasel

Αμερικάνικο ποδόσφαιρο
Amerikanong putbol

ποδηλασία
pamimisikleta

αντισφαίριση
tennis

μπάσκετ
basketbol

κολύμβηση
paglalangoy

πυγχαμία
boksing

χόκεϋ επί πάγου
ice-hockey

ποδόσφαιρο
soccer

μπάντμιντον
badminton

στίβος
atletiks

χάντμπολ
handball

σκι
skiing

πόλο
polo

# δραστηριότητες
## mga aktibidad

γελάω
tumawa

πηδάω
tumalon

αγκαλιάζω
yakapín

περπατάω
lumakad

τραγουδάω
kumanta

προσεύχομαι
magdasal

φιλάω
halikan

ονειρεύομαι
mangarap

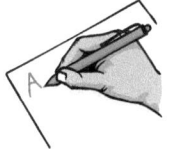

γράφω
sumulat

σχεδιάζω
gumuhit

δείχνω
ipakita

πιέζω
itulak

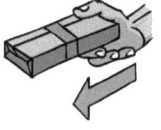

δίνω
magbigay

παίρνω
kunin

έχω

magkaroon

κάνω

gawin

είμαι

maging

στέκομαι

tumayo

τρέχω

tumakbo

τραβάω

hilahin

ρίχνω

itapon

πέφτω

malaglag

ξαπλώνω

mahiga

περιμένω

hintayin

κουβαλώ

dalhin

κάθομαι

umupo

φοράω

magbihis

κοιμάμαι

matulog

ξυπνάω

gumising

κοιτάω

tumingin

κλαίω

umiyak

χαϊδεύω

estilo

χτενίζω

magsuklay

μιλάω

magsalita

καταλαβαίνω

intindihin

ρωτάω

magtanong

ακούω

makinig

πίνω

uminom

τρώω

kumain

συγυρίζω

linisin

αγαπάω

mahal

μαγειρεύω

magluto

οδηγώ

magmaneho

πετάω

lumipad

κάνω ιστιοπλοΐα

maglayag

υπολογίζω

kalkulahin

διαβάζω

basahin

μαθαίνω

matuto

δουλεύω

trabaho

παντρεύομαι

pakasalan

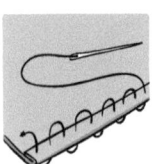

ράβω

tahiin

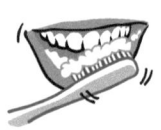

βουρτσίζω τα δόντια

magsipilyo ng ngipin

σκοτώνω

patayin

καπνίζω

manigarilyo

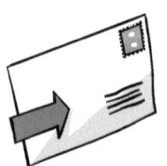

στέλνω

magpadala

# οικογένεια
# pamilya

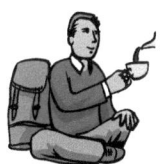

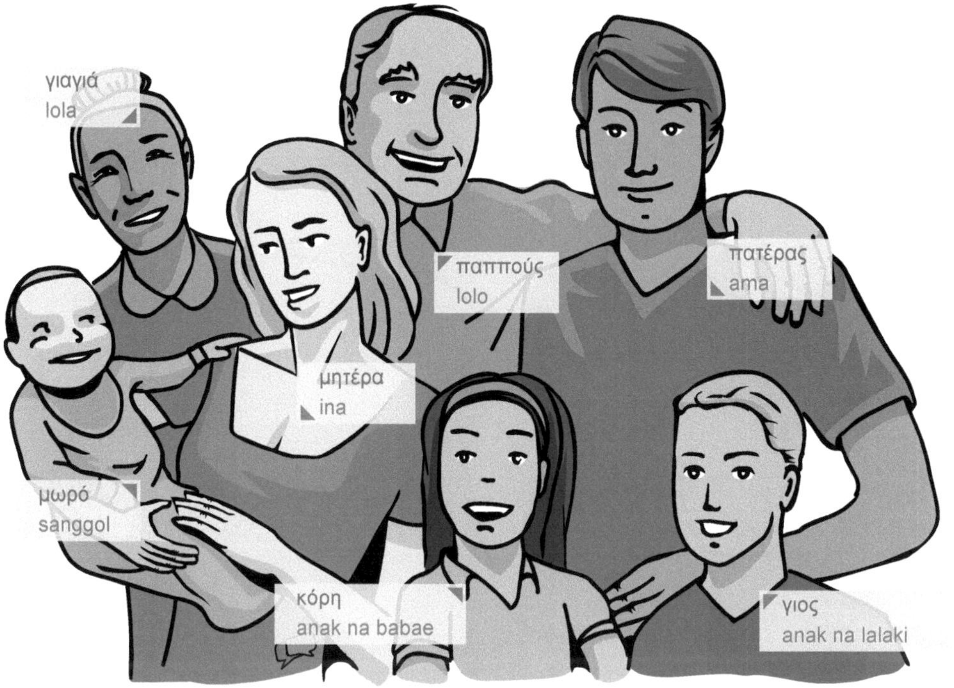
γιαγιά
lola
παππούς
lolo
πατέρας
ama
μητέρα
ina
μωρό
sanggol
κόρη
anak na babae
γιος
anak na lalaki

καλεσμένος

panauhin

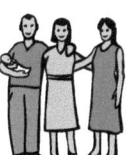

θεία

tiya

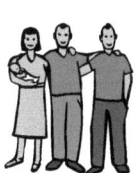

θείος

tiyo

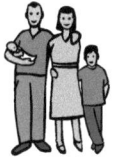

αδελφός

kuya

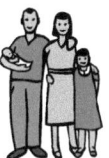

αδελφή

ate

# σώμα
# katawan

μέτωπο
noo
μάτι
mata
ώμος
balikat
δάχτυλο
daliri
πρόσωπο
mukha
πιγούνι
baba
χέρι
kamay
πόδι
binti
στήθος
suso
βραχίονας
bisig

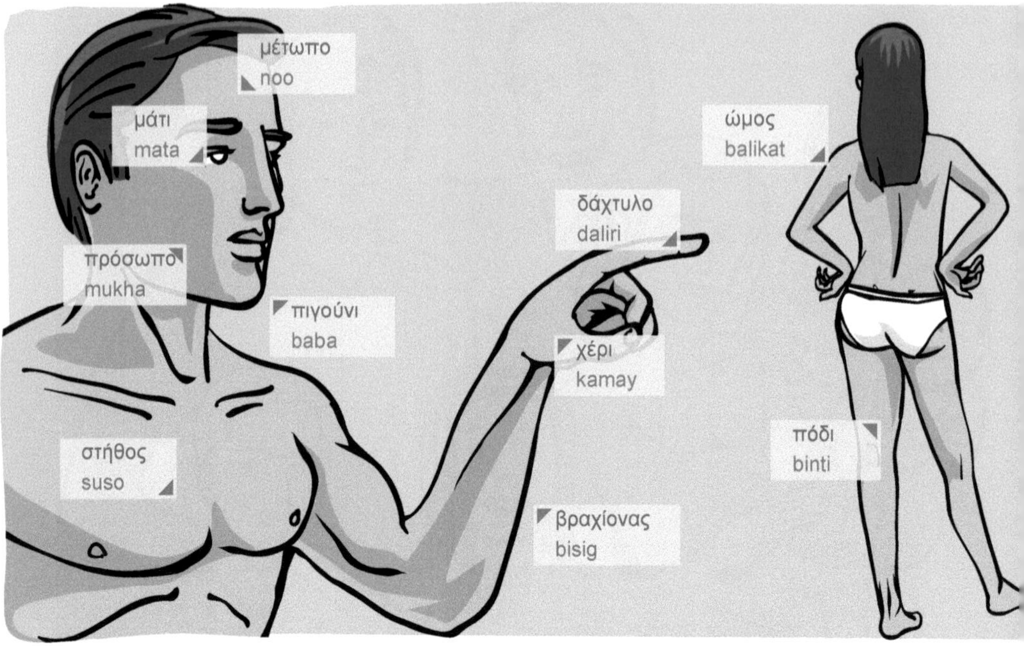

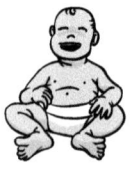

μωρό

sanggol

άνδρας

lalaki

γυναίκα

babae

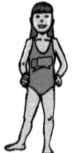

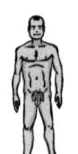

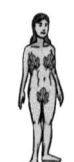

κορίτσι

batang babae

αγόρι

batang lalaki

κεφάλι

ulo

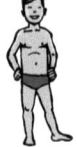

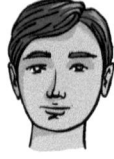

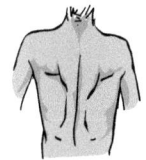

πλάτη

likod

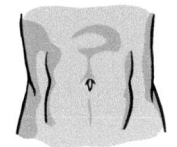

κοιλιά

tiyan

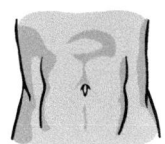

αφαλός

pusod

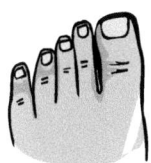

δάχτυλο ποδιού

daliri ng paa

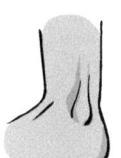

φτέρνα

takong

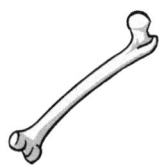

κόκκαλο

buto

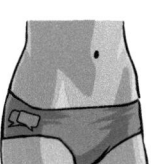

γοφός

balakang

γόνατο

tuhod

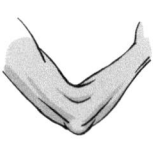

αγκώνας

siko

μύτη

ilong

γλουτός

gitna

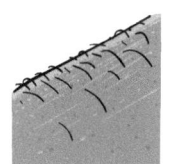

δέρμα

balat

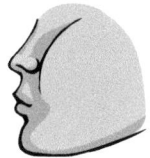

μάγουλο

pisngi

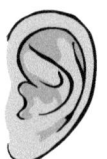

αυτί

tainga

χείλος

labi

στόμα

bibig

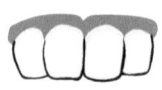

δόντι

ngipin

γλώσσα

dila

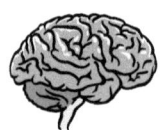

εγκέφαλος

utak

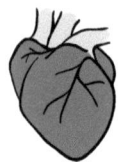

καρδιά

puso

μυς

kalamnan

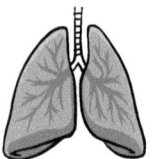

πνεύμονας

baga

συκώτι

atay

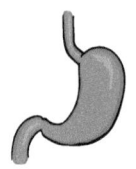

στομάχι

sikmura

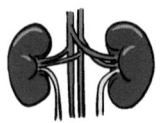

νεφρά

mga bato

σεξουαλική επαφή

pagtatalik

προφυλακτικό

kondom

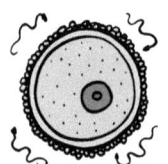

ωάριο

obyum

σπέρμα

semen

εγκυμοσύνη

pagbubuntis

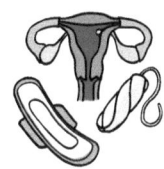

περίοδος

pagreregla

γυναικείος κόλπος

vagina

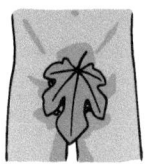

πέος

ari ng lalaki

φρύδι

kilay

μαλλιά

buhok

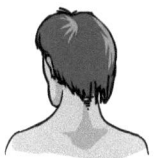

λαιμός

leeg

# νοσοκομείο
# ospital

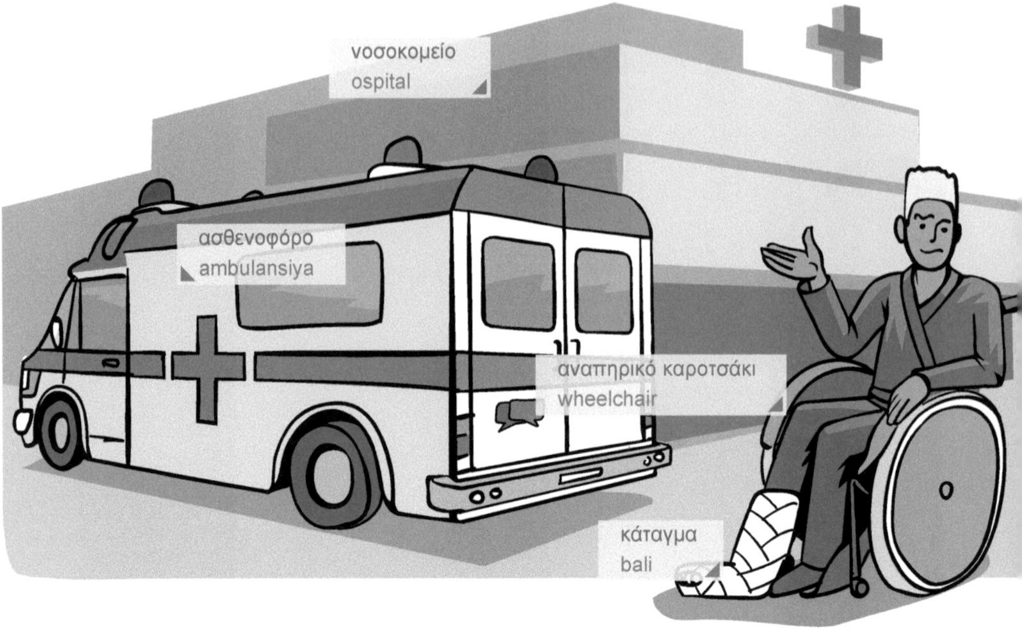

νοσοκομείο
ospital
ασθενοφόρο
ambulansiya
αναπηρικό καροτσάκι
wheelchair
κάταγμα
bali

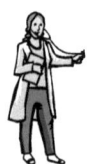

γιατρός

doktor

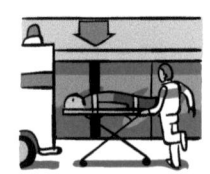

μονάδα εντατικής θεραπείας

silid pang-emergency

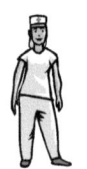

νοσοκόμα

nars

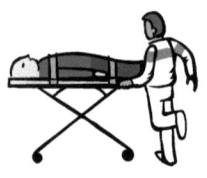

έκτακτη ανάγκη

emerhensiya

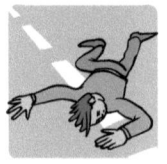

λιπόθυμος

walang malay

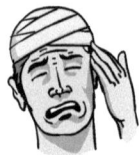

πόνος

pananakit

τραύμα

pinsala

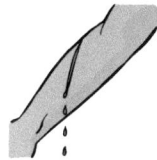

αιμορραγία

nagdurugo

έμφραγμα

atake sa puso

εγκεφαλικό

atake serebral

αλλεργία

alerdye

βήχας

ubo

πυρετός

lagnat

γρίπη

trangkaso

διάρροια

pagdudumi

πονοκέφαλος

sakit ng ulo

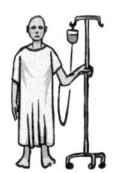

καρκίνος

kanser

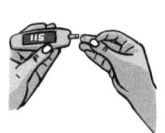

διαβήτης

diyabetis

χειρουργός

siruhano

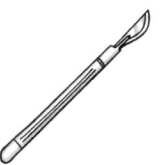

νυστέρι

iskalpel

εγχείρηση

operasyon

αξονική τομογραφία

CT

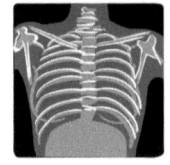

ακτινογραφία

x-ray

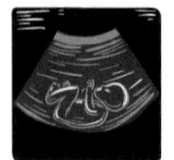

υπέρηχος

ultrasound

μάσκα

maskara sa mukha

ασθένεια

sakit

αίθουσα αναμονής

silid-antayan

πατερίτσα

saklay

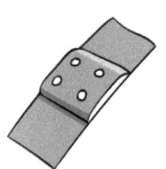

χάνσαπλαστ

plaster

επίδεσμος

benda

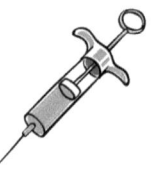

ένεση

iniksyon

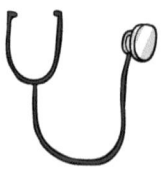

στηθοσκόπιο

istetoskopyo

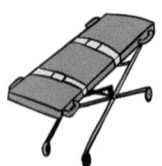

φορείο

estretser

θερμόμετρο

klinikal na termometro

γέννηση

pagsilang

υπέρβαρο

labis sa timbang

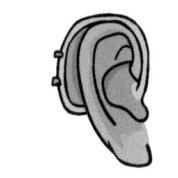

ακουστικό βαρηκοΐας

hearing-aid

αντισηπτικό

pang-disimpekta

λοίμωξη

impeksyon

ιός

bayrus

HIV/AIDS

HIV / AIDS

φάρμακο

medisina

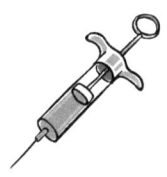

εμβολιασμός

bakuna

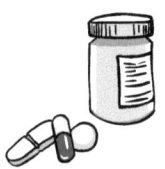

δισκία

mga tableta

χάπι

tabletas

κλήση έκτακτης ανάγκης

emergency na tawag

πιεσόμετρο αίματος

pagmamatyag sa presyon
ng dugo

άρρωστος / υγιής

may sakit / malusog

| | | |
|---|---|---|
| Βοήθεια!<br>Tulong! | <br>συναγερμός<br>alarma | <br>βιαιοπραγία<br>asulto |
| 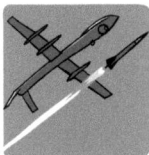<br>επίθεση<br>atake | <br>κίνδυνος<br>panganib | <br>έξοδος κινδύνου<br>labasang pang-emergency |
| Φωτιά!<br>Sunog! | <br>πυροσβεστήρας<br>fire extinguisher | <br>ατύχημα<br>aksidente |
| 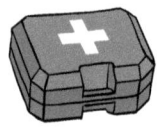<br>κουτί πρώτων βοηθειών<br>kagamitan sa paunang lunas | <br>SOS<br>SOS | <br>αστυνομία<br>pulis |

Ευρώπη

Europa

Βόρεια Αμερική

Hilagang Amerika

Νότια Αμερική

Timog Amerika

Αφρική

Aprika

Ασία

Asya

Αυστραλία

Australia

Ατλαντικός Ωκεανός

Atlantika

Ειρηνικός Ωκεανός

Pasipiko

Ινδικός Ωκεανός

Dagat Indiano

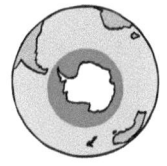

Ανταρκτικός Ωκεανός

Dagat Antarktika

Αρκτικός Ωκεανός

Dapat Arktika

Βόρειος Πόλος

Hilagang polo

Νότιος Πόλος

Timog polo

Ανταρκτική

Antartika

Γη

mundo

γη

lupa

θάλασσα

dagat

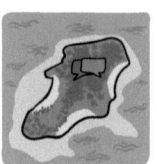

νησί

isla

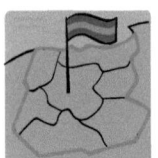

έθνος

bansa

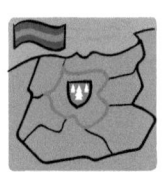

πολιτεία

estado

καντράν ρολογιού

mukha ng orasan

ωροδείκτης

orasang kamay

λεπτοδείκτης

minutong kamay

δείκτης δευτερολέπτων

segundong kamay

Τι ώρα είναι;

Anong oras na?

ημέρα

araw

χρόνος

oras

τώρα

ngayon

ψηφιακό ρολόι

digital na relo

λεπτό

minuto

ώρα

oras

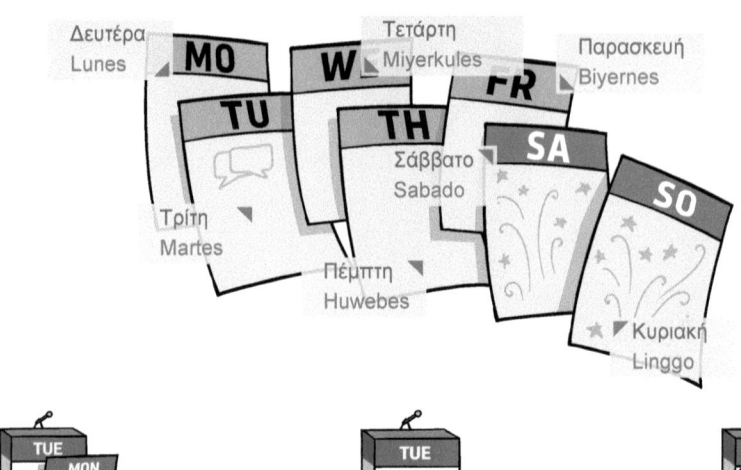

Δευτέρα / Lunes
Τετάρτη / Miyerkules
Παρασκευή / Biyernes
Τρίτη / Martes
Σάββατο / Sabado
Πέμπτη / Huwebes
Κυριακή / Linggo

χθες

kahapon

σήμερα

ngayon

αύριο

bukas

πρωί

umaga

μεσημέρι

tanghali

βράδυ

gabi

εργάσιμες ημέρες

mga araw ng negosyo

Σαββατοκύριακο

katapusan ng linggo

# έτος
# taon

βροχή
ulan
ουράνιο τόξο
bahaghari
χιόνι
niyebe
άνεμος
hangin
άνοιξη
tagsibol
φθινόπωρο
taglagas
καλοκαίρι
tag-init
χειμώνας
taglamig

4.APRIL 11°
5.APRIL 4°
6.APRIL 13°
7.APRIL 8°
8.APRIL 10°

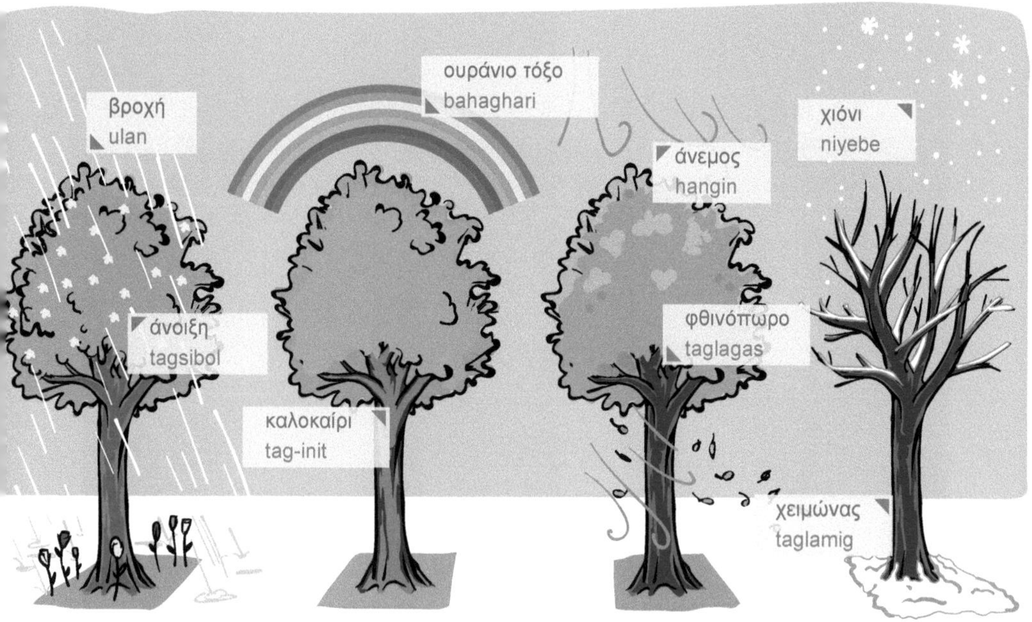

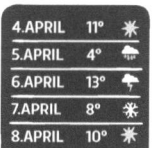

πρόγνωση καιρού
lagay ng panahon

F
C
120
90
60
30
0
-30
40
30
20
10
0
-10
-20

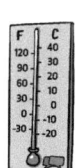

θερμόμετρο
termometro

λιακάδα
sikat ng araw

σύννεφο
ulap

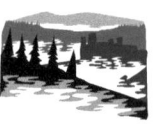

ομίχλη
hamog

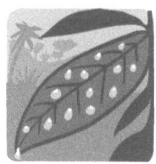

υγρασία
kahalumigmigan

αστραπή

kidlat

κεραυνός

kulog

καταιγίδα

bagyo

χαλάζι

may yelong ulan

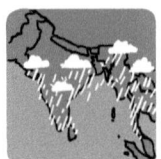

μουσώνας

tag-ulan

πλημμύρα

pagkain

πάγος

yelo

Ιανουάριος

Enero

Φεβρουάριος

Pebrero

Μάρτιος

Marso

Απρίλιος

Abril

Μάιος

Mayo

Ιούνιος

Hunyo

Ιούλιος

Hulyo

Αύγουστος

Agosto

έτος - taon

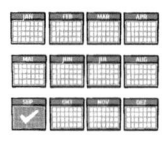

Σεπτέμβριος

Setyembre

Οκτώβριος

Oktubre

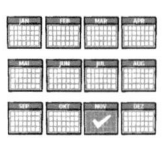

Νοέμβριος

Nobyembre

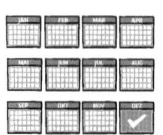

Δεκέμβριος

Disyembre

# σχήματα
## mga hugis

κύκλος

bilog

τετράγωνο

parisukat

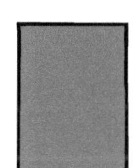

ορθογώνιο
παραλληλόγραμμο
rektanggulo

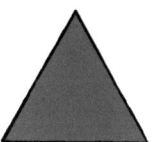

τρίγωνο

tatsulok

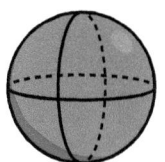

σφαίρα

pabilog

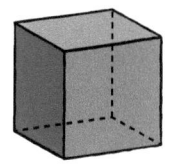

κύβος

kyub

άσπρο

puti

κίτρινο

dilaw

πορτοκαλί

kahel

ροζ

rosas

κόκκινο

pula

μωβ

ube

μπλε

asul

πράσινο

berde

καφέ

brown

γκρι

grey

μαύρο

itim

πολύ / λίγο

marami / kakaunti

θυμωμένος / ήρεμος

takot / kalmado

όμορφος / άσχημος

maganda / pangit

αρχή / τέλος

simula / katapusan

μεγάλος / μικρός

malaki / maliit

φωτεινός / σκοτεινός

matingkad / madilim

αδελφός / αδελφή

kuya / ate

καθαρός / λερωμένος

malinis / madumi

πλήρης / ατελής

kumpleto / kulang

ημέρα / νύχτα

araw / gabi

νεκρός / ζωντανός

patay / buhay

φαρδύς / στενός

malawak / makipot

**βρώσιμος / μη βρώσιμος**

nakakain / hindi nakakain

**κακός / ευγενικός**

masama / mabuti

**ενθουσιασμένος / βαριεστημένος**

nakakatuwa / nakakainip

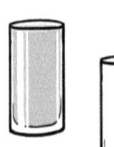

**παχύς / λεπτός**

mataba / payat

**πρώτος / τελευταίος**

una / huli

**φίλος / εχθρός**

kaibigan / kaaway

**γεμάτος / άδειος**

puno / walang laman

**σκληρός / μαλακός**

matigas / malambot

**βαρύς / ελαφρύς**

mabigat / magaan

**πείνα / δίψα**

gutom / uhaw

**άρρωστος / υγιής**

may sakit / malusog

**παράνομος / νόμιμος**

ilegal / legal

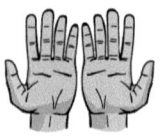

**έξυπνος / χαζός**

matalino / tanga

**αριστερός / δεξιός**

kaliwa / kanan

**κοντινός / μακρινός**

malapit / malayo

καινούριος /
μεταχειρισμένος

bago /gamit na

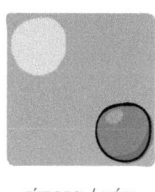

τίποτα / κάτι

wala /mayroon

γέρος | νέος

matanda / bata

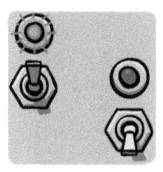

αναμμένος / σβηστός

naka-on / naka-off

ανοιχτός / κλειστός

bukas / sarado

χαμηλόφωνος /
μεγαλόφωνος
tahimik / maingay

πλούσιος / φτωχός

mayaman / mahirap

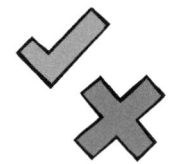

σωστός / λανθασμένος

tama / mali

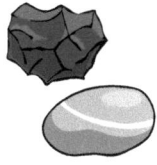

τραχύς / λείος

magaspang / makinis

λυπημένος / χαρούμενος

malungkot / masaya

κοντός / μακρύς

maikli / mahaba

αργός / γρήγορος

mabagal / mabilis

υγρός / στεγνός

basa / tuyo

ζεστός / δροσερός

maligamgam / malamig

πόλεμος / ειρήνη

digmaan / kapayapaan

αντίθετα - magkasalungat

**0**

μηδέν

sero

**1**

ένα

isa

**2**

δύο

dalawa

**3**

τρία

tatlo

**4**

τέσσερα

apat

**5**

πέντε

lima

**6**

έξι

anim

**7**

εφτά

pito

**8**

οκτώ

walo

**9**

εννιά

siyam

**10**

δέκα

sampu

**11**

έντεκα

labing-isa

**12**

δώδεκα

labindalawa

**13**

δεκατρία

labintatlo

**14**

δεκατέσσερα

labing-apat

**15**

δεκαπέντε

labinlima

**16**

δεκαέξι

labing-anim

**17**

δεκαεφτά

labimpito

**18**

δεκαοκτώ

labing-walo

**19**

δεκαεννέα

labinsiyam

**20**

είκοσι

dalawampu

**100**

εκατό

daan

**1.000**

χίλια

libo

**1.000.000**

εκατομμύριο

milyon

αριθμοί - mga numero

Αγγλικά

Ingles

Αμερικάνικα Αγγλικά

Amerikan na Ingles

Μανδαρίνικα Κινέζικα

Tsinong Mandarin

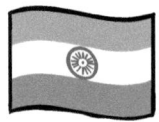

Χίντι

Hindi

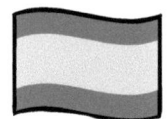

Ισπανικά

Espanyol

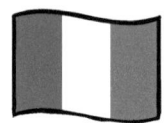

Γαλλικά

Pranses

Αραβικά

Arabe

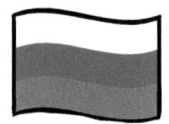

Ρώσικα

Ruso

Πορτογαλικά

Portuges

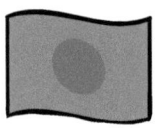

Μπενγκάλι

Bengali

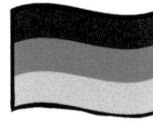

Γερμανικά

Aleman

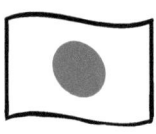

Ιαπωνικά

Hapon

εγώ

ako

εσύ

ikaw

♂ ♀ ○

αυτός / αυτή / αυτό

siya / siya / ito

εμείς

kami

εσείς

ikaw

αυτοί / αυτές / αυτά

sila

ποιος / ποια / ποιο;

sino?

τι;

ano?

πώς;

paano?

πού;

saan?

πότε;

kailangan?

όνομα

pangalan

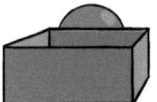

πίσω

likuran

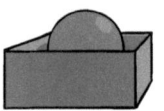

μέσα

saan

μπροστά

sa harap ng

πάνω από

itaas

πάνω

sa

κάτω

ilalim

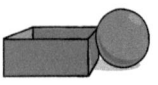

δίπλα

katabi

ανάμεσα

pagitan

μέρος

lugar